Impressum
Verlag: BABADADA GmbH, Nedderfeld 112 , 22529 Hamburg
Geschäftsführer / Verlagsleitung: Harald Hof
Druck: Books on Demand GmbH, In de Tarpen 42, 22848 Norderstedt

Imprint
Publisher: BABADADA GmbH, Nedderfeld 112 , 22529 Hamburg, Germany
Managing Director / Publishing direction: Harald Hof
Print: Books on Demand GmbH, In de Tarpen 42, 22848 Norderstedt

učionica
classroom

dijeliti
divide

186/2

školsko dvorište
school yard

tabla
board

učitelj, nastavnik
teacher

papir
paper

pisati
write

olovka
pen

pisaći sto
desk

lenjir
ruler

knjiga
book

učenik
pupil

torba

satchel

pernica

pencil case

drvena olovka

pencil

šiljalo za olovke

pencil sharpener

gumica

rubber

blok za crtanje

drawing pad

crtež

drawing

kist

paintbrush

kutija s bojama

paint box

makaze

scissors

ljepilo

glue

vježbanka

exercise book

domaća zadaća

homework

broj

number

sabirati

add

oduzimati

subtract

množiti

multiply

računati

calculate

slovo

letter

abeceda

alphabet

riječ

word

tekst

text

čitati

read

kreda

chalk

sat

lesson

školski dnevnik

register

ispit

examination

svjedočanstvo

certificate

školska uniforma

school uniform

izobrazba

education

leksikon

encyclopedia

univerzitet

university

mikroskop

microscope

karta

map

korpa za papir

waste-paper basket

škola - school

hotel
hotel

hostel
hostel

mjenjačnica
currency exchange office

kofer
suitcase

auto
car

jezik

language

da / ne

yes / no

okej

Okay

zdravo

hello

tumač

translator

hvala

Thank you

Koliko košta...?

how much is…?

Ne razumijem

I don´t get it

problem

problem

dobro veče!

Good evening!

Dobro jutro!

Good morning!

Laku noć!

Good night!

doviđenja

goodbye

smjer

direction

prtljag

luggage

torba

bag

ruksak

backpack

gost

guest

soba

room

vreća za spavanje

sleeping bag

šator

tent

turističke informacije

tourist information

plaža

beach

kreditna kartica

credit card

doručak

breakfast

ručak

lunch

večera

dinner

putna karta

Ticket

lift

elevator

poštanska markica

stamp

granica

border

carina

customs

ambasada

embassy

viza

visa

pasoš

passport

avion
airplane

brod
ship

vatrogasno vozilo
fire truck

autobus
bus

kamion
truck

motorni čamac
motorboat

biciklo
bike

auto
car

trajekt
....
ferry

brod
....
boat

motocikl
....
motorbike

policijski automobil
....
police car

trkaći automobil
....
racing car

unajmljeni automobil
....
rental car

kar-šering

car sharing

pauk

tow truck

smećarsko vozilo

garbage truck

motor

engine

gorivo

fuel

benzinska pumpa

fuel station

saobraćajni znak

traffic sign

saobraćaj

traffic

zastoj

traffic jam

parking

parking lot

željeznička stanica

train station

šine

tracks

voz

train

tramvaj

tram

vagon

wagon

helikopter

helicopter

aerodrom

airport

toranj

tower

putnik

passenger

kontejner

container

karton

carton

tačke

cart

korpa

basket

poletjeti / sletjeti

take off / land

grad
city

selo

village

centar grada

city center

kuća

house

kino
movie theater

reklama
advert

ulična svjetiljka
street light

CINEMA

ulica
street

taksi
taxi

kiosk
snack shop

pješak
pedestrian

trotoar
sidewalk

pješački prelaz
zebra crossing

kanta za smeće
dumpster

raskršće
crossing

semafor
traffic lights

koliba

hut

stan

apartment

željeznička stanica

train station

vjećnica

city hall

muzej

museum

škola

school

grad - city

univerzitet

university

banka

bank

bolnica

hospital

hotel

hotel

apoteka

pharmacy

ured

office

knjižara

book shop

radnja

shop

cvjećara

flower shop

supermarket

supermarket

pijaca

market

robna kuća

department store

prodavač ribe

fishmonger's shop

trgovački centar

mall

luka

harbor

park

park

klupa

bench

most

bridge

stepenice

stairs

podzemna željeznica

subway

tunel

tunnel

autobuska stanica

bus stop

bar

bar

restoran

restaurant

poštanski sandučić

postbox

saobraćajni znak

street sign

sat za naplatu parkinga

parking meter

zološki vrt

zoo

bazen

swimming pool

džamija

mosque

seosko imanje
farm

zagađenje okoline
pollution

groblje
cemetery

crkva
church

igralište
playground

hram
temple

krajolik
landscape

list
leaf

putokaz
signpost

putokaz
path

livada
meadow

kamen
stone

drvo
tree

putnik
hiker

rijeka
river

trava
grass

cvijet
flower

dolina

valley

brdo

hill

jezero

lake

šuma

forest

pustinja

desert

vulkan

volcano

dvorac

castle

duga

rainbow

gljiva

mushroom

palma

palm tree

komarac

mosquito

muha

fly

mrav

ant

pčela

bee

pauk

spider

buba

beetle

žaba

frog

vjeverica

squirrel

jež

hedgehog

zec

hare

sova

owl

ptica

bird

labud

swan

divlja svinja

boar

jelen

deer

los

moose

brana

dam

vjetrenjača

wind turbine

solarni modul

solar panel

klima

climate

konobar
waiter

jelovnik
menu

stolica
chair

supa
soup

pica
pizza

pribor za jelo
cutlery

stolnjak
tablecloth

predjelo
starter

glavno jelo
main course

desert
dessert

piće
drinks

jelo
food

flaša
bottle

brza hrana

fast food

jelo sa ulice

street food

čajnik

teapot

šećernica

sugar bowl

porcija

portion

mašina za espreso

espresso machine

barska stolica

high chair

račun

bill

tacna

tray

nož

knife

viljuška

fork

kašika

spoon

kašičica

teaspoon

salveta

serviette

čaša

glass

tanjir

plate

tanjir za supu

soup plate

tanjurić

saucer

sos

sauce

solanik

salt shaker

mlin za biber

pepper mill

sirće

vinegar

ulje

oil

začini

spices

kečap

ketchup

senf

mustard

majoneza

mayonnaise

ponuda
special offer

klijent
customer

mliječni proizvodi
dairy products

voće
fruit

kolica za kupovinu
shopping cart

mesnica- klaonica
butcher's shop

pekara
bakery

vagati
weigh

povrće
vegetables

meso
meat

zaleđena hrana
frozen food

narezak

cold cuts

konzerve

canned food

prašak za veš

detergent

slatkiši

candy

kućanski proizvodi

household products

sredstvo za čišćenje

cleaning products

prodavačica

sales representative

kasa

cash register

blagajnik

cashier

lista za kupovinu

shopping list

radno vrijeme

opening hours

novčanik

wallet

kreditna kartica

credit card

torba

bag

najlonska vrećica

plastic bag

voda

water

sok

juice

mlijeko

milk

kola

coke

vino

wine

pivo

beer

alkohol

alcohol

kakao

cocoa

čaj

tea

kafa

coffee

espreso

espresso

kapućino

cappuccino

banana

banana

jabuka

apple

narandža

orange

lubenica

melon

limun

lemon

mrkva

carrot

bijeli luk

garlic

bambus

bamboo

crveni luk

onion

gljiva

mushroom

orašasti plodovi

nuts

pasta

noodles

špagete

spaghetti

riža

rice

salata

salad

pomfrit

fries

pečeni krompir

fried potatoes

pica

pizza

hamburger

hamburger

sendvič

sandwich

šnicla

escalope

šunka

ham

kobasica

salami

kobasica

sausage

kokoš

chicken

pečenje

roast

riba

fish

zobene pahuljice

porridge oats

muzli

muesli

kornfleks

cornflakes

brašno

flour

kroason

croissant

zemičke

bread roll

kruh

bread

tost

toast

keksi

cookies

maslac

butter

svježi sir

curd

kolač

cake

jaje

egg

jaje na oko

fried egg

sir

cheese

sladoled

ice cream

šećer

sugar

med

honey

marmelada

jelly

nugat krema

nougat cream

kuri

curry

seoska kuća
farm house

sjenik
barn

bale sjena
straw bale

polje
field

konj
horse

prikolica
trailer

ždrijebe
foal

traktor
tractor

magarac
donkey

jagnje
lamb

ovca
sheep

koza
goat

krava
cow

tele
calf

svinja
pig

prase
piglet

bik
bull

guska

goose

patka

duck

pile

chick

kokoška

hen

pjetao

cockerel

pacov

rat

mačka

cat

miš

mouse

vol

ox

pas

dog

pseća kućica

dog house

crijevo za baštu

garden hose

kanta za zalijevanje

watering can

kosa

scythe

plug

plow

srp
sickle

motika
hoe

vile
pitchfork

sjekira
axe

tačke
pushcart

korito
trough

bokal za mlijeko
milk can

vreća
sack

ograda
fence

štala
stable

staklenik
greenhouse

tlo
soil

sjeme
seed

đubrivo
fertilizer

kombajn
combine harvester

kositi

harvest

žetva

harvest

jam korijen

yams

pšenica

wheat

soja

soya

krompir

potato

kukuruz

corn

uljana repica

rapeseed

drvo voća

fruit tree

manioka

manioc

žito

grain

dimnjak
chimney

krov
roof

oluk
downspout

prozor
window

garaža
garage

zvono
doorbell

vrata
door

kanta za smeće
trash can

poštanski sandučić
mailbox

bašta
garden

dnevni boravak
living room

kupatilo
bathroom

kuhinja
kitchen

spavaća soba
bedroom

dječija soba
kids room

trpezarija
dining room

pod, tlo

floor

zid

wall

plafon

ceiling

podrum

cellar

sauna

sauna

balkon

balcony

terasa

terrace

bazen

pool

kosilica

lawn mower

posteljina

sheet

pokrivač

bedspread

krevet

bed

metla

broom

kanta

bucket

prekidač

switch

tapeta
wallpaper

fotografija
picture

lampa
lamp

polica
shelf

ormar
cabinet

dimnjak
fireplace

televizija
television

cvijet
flower

jastuk
cushion

kauč
sofa

vaza
vase

daljinski upravljač
remote control

tepih
carpet

zavjesa
drape

stol
table

stolica
chair

stolica za ljuljanje
rocking chair

fotelja
armchair

knjiga

book

deka

blanket

dekoracija

decoration

ložno drvo

firewood

film

film

stereo uređaj

stereo system

ključ

key

novine

newspaper

umjetnička slika

painting

poster

poster

radio

radio

blok za bilješke

notebook

usisavač

vacuum cleaner

kaktus

cactus

svijeća

candle

hladnjak
fridge

mikrovalna pećnica
microwave oven

kuhinjska vaga
kitchen scales

toster
toaster

sredstvo za čišćenje
laundry detergent

rerna
stove

zamrzivač
freezer

kanta za smeće
trash can

mašina za suđe, perilica
dishwasher

peć
cooker

lonac
pot

metalni lonac
cast-iron pot

vok / kadai
wok / kadai

tava, tiganj
pan

kuhalo
kettle

aparat za kuhanje na pari

steamer

lim za pečenje

baking tray

posuđe

crockery

šalica

mug

činija

bowl

kineski štapići

chopsticks

kutlača

ladle

lopatica

spatula

metlica za snijeg bjelanjca

whisk

sito za kuhanje

strainer

sito

sieve

ribež

grater

avan s tučkom

mortar

roštilj

barbecue

ložište

fireplace

daska

chopping board

oklagija

rolling pin

vadičep

corkscrew

konzerva

can

otvarač za konzerve

can opener

krpe za lonac

oven cloth

sudoper

sink

četka

brush

spužva

sponge

mikser

blender

zamrzivač

deep freezer

flašica za bebu

baby bottle

slavina

tap

kupatilo
bathroom

grijanje
heating

tuš
shower

peškir
towel

zavjesa za tuš
shower curtain

pjenušava kupka
bubble bath

kada
bathtub

čaša
glass

mašina za veš
washing machine

slavina
tap

pločice
tiles

dječja kahlica
potty

sudoper
sink

toalet

toilet

čučavac

squat toilet

bide

bidet

pisoar

urinal

toalet papir

toilet paper

četka za wc

toilet brush

četkica za zube

toothbrush

pasta za zube

toothpaste

zubni konac

dental floss

prati

wash

tuš

hand shower

intimni tuš

douche

lavor

basin

četka za leđa

back brush

sapun

soap

gel za tuširanje

shower gel

šampon

shampoo

krpe za pranje

flannel

odvod

drain

krema

creme

dezodorans

deodorant

ogledalo

mirror

ogledalo za šminkanje

hand mirror

brijač

razor

pjena za brijanje

shaving foam

vodica poslije brijanja

aftershave

češalj

comb

četka

brush

fen

hair-dryer

sprej za kosu

hairspray

puder

makeup

karmin

lipstick

lak za nokte

nail varnish

vata

cotton wool

makazice za nokte

nail scissors

parfem

perfume

kozmetička torbica

washbag

hoklica

stool

vaga

weighing scales

kupaći ogrtač

bathrobe

rukavice za čišćenje

rubber gloves

tampon

tampon

uložak za dame

sanitary towel

hemijski toalet

chemical toilet

budilnik
alarm clock

plišana igračka
cuddly toy

auto za igru
toy car

zvečka
rattle

kućica za lutke
doll's house

poklon
present

balon
balloon

krevet
bed

kolica za djecu
stroller

karte za igranje
deck of cards

puzle
jigsaw

strip
comic

lego kockice

lego bricks

kockice za gradnju

toy blocks

akcione figure

action figure

benkica

romper suit

frizbi

frisbee

mobile

mobile

igra na ploči

board game

kocka

dice

miniatura željeznice

model train set

cucla

pacifier

zabava

party

slikovnica

picture book

lopta

ball

lutka

doll

igrati

play

pješćanik

sandpit

ljuljačka

swing

igračke

toys

konzola za igru

video game console

triciklo

tricycle

medvjedić

teddy bear

ormar

wardrobe

odjeća
clothing

kratke čarape

socks

čarape

stockings

hulahopke

tights

šal
scarf

kišobran
umbrella

kaiš
belt

majica kratkih rukava
t-shirt

čizme
boots

papuče
slippers

patike
sneakers

sandale

sandals

cipele

shoes

gumene čizme

rubber boots

gaće

underwear

grudnjak

bra

potkošulja

undershirt

bodi
body

hlače
pants

farmerke
jeans

suknja
skirt

bluza
blouse

košulja
shirt

džemper
pullover

majica
sweater

sako
blazer

jakna
jacket

mantil
coat

kišni mantil
raincoat

kostim
costume

haljina
dress

vjenčanica
wedding dress

odijelo

suit

spavaćica

nightgown

pidžama

pajamas

sari

sari

marama

headscarf

turban

turban

burka

burka

kaftan

kaftan

abaja

abaya

kupaći kostim

swimsuit

kupaće gaće

trunks

kratke hlače

shorts

trenerka

tracksuit

pregača

apron

rukavice

gloves

dugme

button

naočare

glasses

narukvica

bracelet

ogrlica

necklace

prsten

ring

naušnica

earring

kapa

cap

vješalica

coat hanger

šešir

hat

kravata

tie

patentni zatvarač

zip

kaciga

helmet

tregeri za hlače

braces

školska uniforma

school uniform

uniforma

uniform

podbradak

bib

cucla

pacifier

pelene

diaper

server
server

ormar za kartoteku
filing cabinet

štampač
printer

monitor
monitor

papir
paper

miš
mouse

pisaći sto
desk

registrator
folder

tastatura
keyboard

korpa za papir
waste-paper basket

stolica
chair

kompjuter
computer

šolja za kafu

coffee mug

kalkulator

calculator

internet

internet

ured - office

49

laptop

laptop

pismo

letter

poruka

message

mobilni telefon

cell phone

mreža

network

aparat za kopiranje

photocopier

softver

software

telefon

telephone

utičnica

plug socket

faks

fax machine

formular

form

dokument

document

kupovati

buy

platiti

pay

trgovati

trade

novac

money

dolar

dollar

euro

euro

jen

yen

rublja

rouble

franak

Swiss franc

renminbi jen

renminbi yuan

rupi

rupee

bankomat

cash point

mjenjačnica

currency exchange office

zlato

gold

srebro

silver

nafta

oil

energija

energy

cijena

price

ugovor

contract

porez

tax

akcija

stock

raditi

work

službenik

employee

poslodavac

employer

fabrika

factory

radnja

shop

policajac
police officer

vatrogasac
fireman

kuhar
cook

ljekar
doctor

pilot
pilot

baštovan

gardener

stolar

carpenter

krojačica

seamstress

sudija

judge

hemičar

chemist

glumac

actor

vozač autobusa

bus driver

vozač taksija

taxi driver

ribar

fisherman

čistačica

cleaning lady

krovopokrivač

roofer

konobar

waiter

lovac

hunter

moler

painter

pekar

baker

električar

electrician

građevinski radnik

builder

inženjer

engineer

koljač

butcher

limar, vodoinstalater

plumber

poštar

postman

vojnik

soldier

arhitekta

architect

blagajnik

cashier

cvjećar

florist

frizer

hairdresser

kontrolor

conductor

mehaničar

mechanic

kapiten

captain

zubar

dentist

naučnik

scientist

rabin

rabbi

imam

imam

monah

monk

sveštenik

pastor

čekić
hammer

kliješta
pliers

izvijač
screwdriver

vijčani ključ
wrench

džepna lampa
torch

bager
excavator

kutija sa alatom
toolbox

ljestve
ladder

testera, pila
saw

ekser
nails

bušilica
drill

popraviti

repair

lopata

shovel

sranje!

Damn!

lopatica

dustpan

kanta boje

paint can

vijak

screws

muzički instrumenti
musical instruments

zvučnik
loud speaker

bubnjevi
drum set

gitara
guitar

kontrabas
double bass

truba
trumpet

klavir

piano

violina

violin

bas

bass

bubanj timpani

timpani

bubanj

drums

sintisajzer

keyboard

saksofon

saxophone

flauta

flute

mikrofon

microphone

tigar
tiger

ulaz
entrance

kavez
cage

zebra
zebra

hrana za životinje
animal feed

panda
panda

životinje

animals

slon

elephant

kengur

kangaroo

nosorog

rhino

gorila

gorilla

medvjed

bear

kamila

camel

noj

ostrich

lav

lion

majmun

monkey

flamingo

flamingo

papagaj

parrot

polarni medvjed

polar bear

pingvin

penguin

morski pas

shark

paun

peacock

zmija

snake

krokodil

crocodile

čuvar u zološkom vrtu

zookeeper

tuljan

seal

jaguar

jaguar

poni

pony

leopard

leopard

nilski konj

hippo

žirafa

giraffe

orao

eagle

divlja svinja

boar

riba

fish

kornjača

turtle

morž

walrus

lisica

fox

gazela

gazelle

americki fudbal
American football

vožnja bicikla
cycling

tenis
tennis

košarka
basketball

plivanje
swimming

boks
boxing

hokej na ledu
ice hockey

fudbal
soccer

bedminton
badminton

laka atletika
athletics

rukomet
handball

skijanje
skiing

polo
polo

skakati
jump

zagrliti
hug

smijati se
laugh

ići
walk

pjevati
sing

sanjati
dream

moliti
pray

ljubiti
kiss

pisati

write

crtati

draw

pokazati

show

gurati

push

dati

give

uzeti

take

imati

have

raditi

do

biti

be

stajati

stand

trčati

run

vući

pull

baciti

throw

pasti

fall

ležati

lie

čekati

wait

nositi

carry

sjediti

sit

obući

get dressed

spavati

sleep

probuditi

wake up

pogledati

look at

plakati

cry

milovati

stroke

češljati

comb

govoriti

talk

razumjeti

understand

pitati

ask

slušati

listen

piti

drink

jesti

eat

pospremiti

tidy up

voljeti

love

kuhati

cook

voziti

drive

letjeti

fly

jedriti

sail

računati

calculate

čitati

read

učiti

learn

raditi

work

vjenčavti

marry

šiti

sew

prati zube

brush teeth

ubiti

kill

pušiti

smoke

slati

send

baka
grandmother

djed
grandfather

otac
father

majka
mother

beba
baby

kćerka
daughter

sin
son

gost

guest

ujna, tetka, strina

aunt

ujak, tetak, stric

uncle

brat

brother

sestra

sister

čelo
forehead

oko
eye

leđa
shoulder

prst
finger

lice
face

brada
chin

ruka, šaka
hand

grudi
breast

noga
leg

ruka
arm

beba
---
baby

muškarac
---
man

žena
---
woman

djevojčica
---
girl

dječak
---
boy

glava
---
head

leđa

back

stomak

belly

pupak

navel

nožni prst

toe

peta

heel

kosti

bone

kuk

hip

koljeno

knee

lakat

elbow

nos

nose

stražnjica

buttocks

koža

skin

obraz

cheek

uho

ear

usna

lip

usta

mouth

zub

tooth

jezik

tongue

mozak

brain

srce

heart

mišić

muscle

pluća

lung

jetra

liver

želudac

stomach

bubreg

kidneys

spolni odnos

sex

kondom

condom

jajna ćelija

ovum

sperma

semen

trudnoća

pregnancy

menstruacija

menstruation

vagina

vagina

penis

penis

obrva

eyebrow

kosa

hair

vrat

neck

bolnica
hospital

bolničko vozilo
ambulance

invalidska kolica
wheelchair

lom
fracture

ljekar

doctor

hitna služba

emergency room

medicinska sestra

nurse

hitna pomoć

emergency

nesvjest

unconscious

bol

pain

povreda

injury

krvarenje

bleeding

srčani udar, infarkt

heart attack

moždani udar

stroke

alergija

allergy

kašalj

cough

groznica

fever

gripa

flu

proljev

diarrhea

glavobolja

headache

rak

cancer

dijabetes

diabetes

hirurg

surgeon

skalpel

scalpel

operacija

operation

CT

CT

rendgen

x-ray

ultrazvuk

ultrasound

maska

face mask

bolest

disease

čekaonica

waiting room

štake

crutch

flaster

plaster

zavoj

bandage

injekcija

injection

stetoskop

stethoscope

nosilo

stretcher

termometar

clinical thermometer

porod

birth

prekomjerna težina, debljina

overweight

slušni aparat

hearing aid

sredstvo za dezinfekciju

disinfectant

infekcija

infection

virus

virus

HIV/ AIDS

HIV / AIDS

medicina

medicine

vakcinacija

vaccination

tablete

tablets

pilula

pill

hitni poziv

emergency call

aparat za mjerenje pritiska

blood pressure monitor

bolestan / zdrav

ill / healthy

Upomoć!

Help!

alarm

alarm

napad, prepad

assault

napad

attack

opasnost

danger

izlaz u slučaju opasnosti

emergency exit

Požar!

Fire!

vatrogasni aparat

fire extinguisher

nezgoda

accident

torba prve pomoći

first-aid kit

SOS

SOS

policija

police

Europa

Europe

Sjeverna Amerika

North America

Južna Amerika

South America

Afrika

Africa

Azija

Asia

Australija

Australia

Atlantik

Atlantic

Pacifik

Pacific

Indijski okean

Indian Ocean

Antarktički okean

Antarctic Ocean

Arktički okean

Arctic Ocean

Sjeverni pol

North pole

Južni pol
....
South pole

Antarktik
....
Antarctica

Zemlja
....
earth

zemlja
....
land

more
....
sea

ostrvo
....
island

nacija
....
nation

država
....
state

brojčanik sata

clock face

kazaljka sata

hour hand

kazaljka minute

minute hand

kazaljka sekunde

second hand

Koliko je sati?

What time is it?

dan

day

vrijeme

time

sada

now

digitalni sat

digital watch

minuta

minute

sat

hour

ponedjeljak
Monday

srijeda
Wednesday

petak
Friday

utorak
Tuesday

subota
Saturday

četvrtak
Thursday

nedjelja
Sunday

juče
yesterday

danas
today

sutra
tomorrow

jutro
morning

podne
noon

veče
evening

radni dani
workdays

vikend
weekend

kiša
rain

duga
rainbow

vjetar
wind

snijeg
snow

proljeće
spring

jesen
fall

ljeto
summer

zima
winter

prognoza vremena
weather forecast

termometar
thermometer

sunčev sjaj
sunshine

oblak
cloud

magla
fog

vlažnost vazduha
humidity

munja

lightning

grom

thunder

oluja

storm

tuča, led

hail

monsun

monsoon

poplava

flood

led

ice

januar

January

februar

February

mart

March

april

April

maj

May

juni

June

juli

July

avgust

August

septembar
September

oktobar
October

novembar
November

decembar
December

oblici

shapes

krug

circle

kvadrat

square

pravougao

rectangle

trougao

triangle

kugla

sphere

kocka

cube

bjel

white

žut

yellow

narandžast

orange

pink

pink

crven

red

ljubičast

purple

plav

blue

zelen

green

smeđ

brown

siv

gray

crn

black

malo / mnogo

a lot / a little

ljutit / miran

angry / calm

lijep / ružan

beautiful / ugly

početak / kraj

beginning / end

veliki / mali

big / small

svijetlo / tamno

bright / dark

brat / sestra

brother / sister

čist / prljav

clean / dirty

potpun / nepotpun

complete / incomplete

dan / noć

day / night

mrtav / živ

dead / alive

široko / usko

wide / narrow

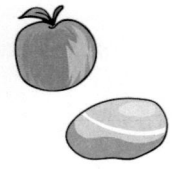

ukusno / neukusno

edible / inedible

zao / prijatan

evil / kind

uzbuđen / dosadan

excited / bored

debeo / mršav

fat / thin

najprije / najkasnije

first / last

prijatelj / neprijatelj

friend / enemy

pun / prazan

full / empty

trvd / mekan

hard / soft

težak / lagan

heavy / light

glad / žeđ

hunger / thirst

bolestan / zdrav

ill / healthy

ilegalan / legalan

illegal / legal

inteligentan / glup

intelligent / stupid

lijevo / desno

left / right

blizu / daleko

near / far

nov / polovan

new / used

ništa / nešto

nothing / something

star / mlad

old / young

uključeno / isključeno

on / off

otvoreno / zatvoreno

open / closed

tiho / glasno

quiet / loud

bogat / siromašan

rich / poor

tačno / pogrešno

right / wrong

hrapav / glatak

rough / smooth

tužan / srećan

sad / happy

kratak / dug

short / long

spor / brz

slow / fast

mokro / suho

wet / dry

toplo / hladno

warm / cool

rat / mir

war / peace

suprotnosti - opposites

brojevi
numbers

0

nula

zero

1

jedan

one

2

dva

two

3

tri

three

4

četiri

four

5

pet

five

6

šest

six

7

sedam

seven

8

osam

eight

9

devet

nine

10

deset

ten

11

jedanaest

eleven

12
dvanaest
twelve

13
trinaest
thirteen

14
četrnaest
fourteen

15
petnaest
fifteen

16
šesnaest
sixteen

17
sedamnaest
seventeen

18
osamnaest
eighteen

19
devetnaest
nineteen

20
dvadeset
twenty

100
sto
hundred

1.000
hiljada
thousand

1.000.000
milion
million

engleski

English

američki engleski

American English

kinesko mandarinski

Chinese Mandarin

hindi

Hindi

španski

Spanish

francuski

French

arapski

Arabic

ruski

Russian

portugalski

Portuguese

bengalski

Bengali

njemački

German

japanski

Japanese

ja

I

ti

you

on / ona / ono

he / she / it

mi

we

vi

you

oni

they

ko?

who?

šta?

what?

kako?

how?

gdje?

where?

kada?

when?

ime

name

iza

behind

u

in

pred

in front of

iznad

over

na

on

ispod

under

pored

beside

između

between

mjesto

place